BOEKANALYSE

AF131739

Het kasteel van mijn moeder

. . . .

Marcel Pagnol

BOEKANALYSE

Geschreven door David Noiret
Vertaald door Nikki Claes

Het kasteel van mijn moeder

MARCEL PAGNOL

MARCEL PAGNOL

FRANS SCHRIJVER, DRAMATURG EN REGISSEUR

- **Geboren in Aubagne (Frankrijk) in 1895.**
- **Overleden in Parijs in 1974.**
- **Opmerkelijke werken:**

  - *Marius* (1929), toneelstuk
  - *My Father's Glory* (1957), roman
  - *Het kasteel van mijn moeder* (1957), roman

Marcel Pagnol werd geboren in Aubagne in 1895. Zijn vader was leraar en zijn moeder naaister. Hij studeerde Engels aan de universiteit in Aix-en-Provence en besloot daarna in de voetsporen van zijn vader te treden en leraar te worden.

Hij had veel succes in Parijs dankzij zijn toneelstukken, waarin de streek waar hij opgroeide prominent aanwezig was (de beroemde Marseillaise-trilogie: *Marius*, 1929; *Fanny*, 1931; en *César*, 1936). Hij was ook geïnteresseerd in cinema en regisseerde meer dan 20 films (waaronder *Heartbeat*, 1938).

In 1946 werd hij verkozen tot lid van de Académie française. Hij begon zijn carrière als romanschrijver in 1957 met de eerste twee delen van zijn reeks *Souvenirs d'enfance* ("Jeugdherinneringen"), in 1963 gevolgd door *Het water van de heuvels*. *Het water van de heuvels* is de verzamelnaam voor twee van zijn beroemdste boeken: *Jean de Florette* en *Manon van de Bron*.

HET KASTEEL VAN MIJN MOEDER

EEN EERBETOON AAN EEN TE JONG GESTORVEN MOEDER

- **Genre:** roman

- **Referentie-uitgave:** Pagnol, M. (1986) *De glorie van mijn vader en het kasteel van mijn moeder*. Trans. Barisse, R. North Point Press: New York.

- **1e editie:** 1957

- **Thema's:** kindertijd, familie, jacht, vriendschap, herinnering, angst

Het kasteel van mijn moeder is het tweede deel in Pagnols reeks *Souvenirs d'enfance* ("jeugdherinneringen"). Het verscheen oorspronkelijk samen met de prequel, *De glorie van mijn vader*, in 1957. Deze twee delen werden gevolgd door *De tijd van geheimen* (1960) en *De tijd van liefde*, dat Pagnol nooit heeft voltooid en dat postuum werd gepubliceerd in 1977.

De roman begint *in medias res* met de zin "Na de epische jachtpartij van de bartavellen werd ik automatisch toegelaten tot de rang van de sporters", wat een duidelijke verwijzing is naar de jachtpartij aan het eind van *De glorie van mijn vader*, waardoor dit het chronologische vervolg is op het eerste deel. Na een eerbetoon aan de vaderliefde in het eerste deel, ontdekt Pagnol in dit vervolg de geneugten van de vriendschap met Lili uit Les Bellons. Maar zoals de titel al aangeeft, is de hoofdpersoon in dit tweede deel Marcels moeder, Augustine, die stierf toen hij nog maar 15 was.

SAMENVATTING

HET LEVEN VAN EEN KLUIZENAAR

Marcel en zijn familie genieten van de vakantie, en Marcel gaat vaak op jacht met zijn oom Jules en zijn vader Joseph. Op een dag probeert hij het wild uit zijn schuilplaats te lokken wanneer hij Lili ontmoet, een plaatselijke jongen die de vele opgezette vallen verzamelt. De twee kinderen raken bevriend en Marcel ontdekt de geneugten van deze nieuwe jachttechniek. De bewondering is wederzijds: terwijl Marcel gefascineerd is door Lili's kennis van de jacht en het landschap, is Lili onder de indruk van Marcels wijsheid en vooral van Josephs prestatie om het jaar ervoor twee bartavelles (koninklijke patrijzen) te vangen.

Marcels broer Paul speelt met zijn kleine zusje, terwijl Marcel en Lili door de heuvels zwerven en allerlei vogels en andere dieren vangen. De jonge vrienden worden echter verrast door een storm en schuilen in een grot die helemaal door de berg Taoumé loopt, zoals Lili die dag aan Marcel onthult. Maar als ze ontdekken dat een angstaanjagende arend daar zijn nest heeft gemaakt, rennen ze zo snel als hun benen kunnen dragen terug naar Bastide Neuve, het buitenverblijf van de familie Pagnol.

Als hij Lili "oktober" hoort zeggen, beseft Marcel dat het binnenkort weer tijd is om naar school te gaan. Kort daarna wordt het nieuws bekendgemaakt: ze zullen op zondag naar huis moeten. Marcel is radeloos en probeert zijn ouders ervan te overtuigen dat ze elke dag moeten pendelen, met het argument dat "de stadslucht niet goed is voor mama". Maar tot zijn wanhoop lijkt iedereen te hebben besloten weer aan het werk te gaan.

Zaterdag komt snel, en Marcel besluit weg te lopen. Eerst schrijft hij een brief aan zijn ouders, waarin hij vertelt dat hij "kluizenaar" wil worden en in de heuvels wil gaan wonen. Hij pakt zijn koffers, neemt wat proviand mee en vlucht onder dekking van de nacht, geholpen door zijn handlanger Lili. De twee vrienden gaan op weg naar de grot, en Lili is onder de indruk van Marcels moed, ook al lijkt hij banger te worden naarmate ze verder lopen. Als ze bij de grot aankomen, worden ze opgeschrikt door de "therbiggowl", die ze vergeten waren en die hun ogen probeert uit te rukken.

De twee vrienden besluiten de volgende ochtend de vogel aan te vallen en gaan naar de bron die Marcel tijdens zijn verblijf als watervoorziening wil gebruiken. Tot hun ontsteltenis merken ze echter dat de bron slechts tien liter water per dag levert, wat de doodsteek voor hun plan betekent. Marcel legt zich erbij neer dat hij teruggaat naar de villa, waar hij zijn brief vindt en deze vernietigt. Beschaamd valt hij uiteindelijk in slaap.

TERUG NAAR SCHOOL

Op zondag neemt de familie Pagnol afscheid van Lili, en Joseph belooft hem dat hij Marcel in de kerstvakantie weer zal zien, mits Marcel goed voorbereid is op het beursexamen dat hij in juni zal afleggen om toegelaten te worden tot de middelbare school. Als Marcel weer naar school gaat, studeert hij intensief om zich op het examen voor te bereiden. Op een dag komt hij thuis van school en vindt hij een brief van Lili, die hem wanhopig mist.

De dag van hun hereniging breekt eindelijk aan en Lili wacht op Marcel met een verborgen ongeduld dat niemand voor de gek houdt. Pagnol vertelt ons dat "de kerstweek zo snel als een droom voorbij is gegaan" en aangezien het hele gezin een geweldige tijd heeft gehad tijdens de vakantie, besluit Augustine elke zaterdag naar de Provence te komen. Dankzij haar vriendschap met de vrouw van de directeur van de school kan zij deze overhalen het rooster van Jozef aan te passen, zodat hij langere weekends kan hebben. Daardoor "konden we bijna elke zaterdag na Vastenavond de heuvels in".

Op een zaterdag in april ontmoeten ze Bouzigue, een van Josephs vroegere leerlingen, op weg naar de Bastide Neuve. Hij vertelt hen over een kortere weg die twee uur van hun reis zou kunnen besparen: hij is aangesteld als opzichter van het kanaal dat loopt over de lengte van vier gigantische eigendommen, gescheiden door een poort. Hij stelt voor dat Jozef in zijn plaats het kanaal zou kunnen bewaken, zodat ze een reden hebben om het privépad te gebruiken. Na te hebben nagedacht over de afstand die ze nog moeten afleggen, gaat Jozef uiteindelijk op zijn aanbod in.

Vanaf dat moment maken ze er een gewoonte van om de binnenweg te nemen. Hoewel ze nog nooit een van de eigenaars hadden ontmoet, komt de oudere aristocraat die eigenaar is van het eerste kasteel hen op een zaterdag in mei tegemoet. Tot hun grote verrassing is hij heel attent voor hen, stelt voor dat zijn bewaker Wladimir hen begeleidt, biedt Augustine rozen aan en nodigt hen binnen uit. Ze passeren zonder problemen het terrein van het tweede landgoed, "het kasteel van Doornroosje".

Wanneer ze echter het derde landgoed passeren, dat eigendom is van een advocaat, ontmoeten ze Dominique, een tuinman die hen lijkt te gaan berispen, maar die hen vervolgens adviseert hoe ze de aandacht van de advocaat niet kunnen trekken en hun manden met fruit aanbiedt. Ze moeten alleen nog langs het vierde landgoed, het grootste en meest intimiderende vanwege de alcoholische bewaker die met zijn hond de wacht houdt. Augustine wordt erg nerveus als ze dit kasteel naderen, maar ze zien niemand.

DE ZOMERVAKANTIE

In juni slaagt Marcel met vlag en wimpel voor zijn examens en eindigt als tweede in zijn klas. Alles is klaar voor de zomervakantie en de reünie in de villa.

Hun gebruikelijke route door de eigendommen is echter traag en moeilijk, en net als ze op het punt staan door de laatste poort te vertrekken, merkt Joseph dat er een ketting op is geplaatst. De sinistere bewaker verschijnt op dat moment, neemt de sleutel van de kortere weg en het notitieboekje waarin Joseph zijn aantekeningen over de toestand van het kanaal had bewaard in beslag, en vertelt hen dat hij een officiële klacht zal indienen. Augustine is zo bang dat ze flauwvalt, terwijl Joseph zich volkomen vernederd voelt, en ze worden gedwongen terug te keren.

Wanneer ze bij de Bastide Neuve aankomen, is iedereen neerslachtig. Joseph vreest voor zijn baan op de school en zijn promotie vanwege de klacht. Het nieuws verspreidt zich door het dorp, en Bouzigue, vergezeld door twee vrienden, gaat de confrontatie aan met de bewaker en dreigt zelf een klacht in te dienen omdat de poort is vastgeketend. Hij slaagt erin Josephs bezittingen terug te krijgen, en keert als een held terug naar de Bastide Neuve.

Vele jaren later is Marcel Pagnol een grote regisseur geworden en heeft hij een groot landgoed gekocht. Augustine, Lili en Paul zijn al jaren geleden overleden. Wanneer hij op het landgoed aankomt, zegt Pagnol: "Ik herken het afschuwelijke kasteel, het kasteel van de angst, dat mijn moeder zo bang had gemaakt". Om deze vreselijke herinnering uit te bannen, gooit hij een steen tegen de onbeweeglijke deur, en "de rotte planken [...] kwamen neer op het verleden".

KARAKTERSTUDIE

MARCEL

Er zijn twee Marcel Pagnols in deze roman: de 62-jarige verteller, die zijn jeugdherinneringen met pen en papier heeft vastgelegd, en de jongen die hij ooit was. De natuurlijke, eenvoudige schrijfstijl wekt soms de indruk dat het de jongen zelf is die zijn herinneringen vertelt, waarvan de meeste teruggaan tot zijn negende jaar.

Aangezien de verteller en de auteur een en dezelfde zijn, is *Het kasteel van mijn moeder* een autobiografische roman.

In het eerste deel van zijn "Jeugdherinneringen" spreekt Pagnol zijn onvoorwaardelijke bewondering uit voor zijn vader, een bewondering die nog wordt versterkt door het grote succes van zijn vader tijdens de patrijzenjacht. In dit tweede deel brengt hij hulde aan zijn moeder, Augustine, van wie hij zielsveel houdt en wiens dagelijkse strijd hij probeert te verzachten.

Marcel heeft een jongere broer, Paul, en een zusje. Hij is een gezond, buitengewoon nieuwsgierig kind. Hoewel hij niet volwassener is dan een typisch kind van zijn leeftijd, is hij een vroegrijpe lezer.

Hij heeft een lange weg afgelegd sinds zijn avontuur in de heuvels, toen hij op zoek ging naar zijn vader en oom, die zonder hem op jacht waren gegaan (zie *My Father's Glory*). Hij is nu een vindingrijke jonge jager die zelfs indruk weet te maken op zijn vriendin Lili.

LILI

Marcel beschrijft Lili als volgt als ze elkaar voor het eerst ontmoeten:

> *"Het was een jonge boerenjongen met een mooi Provençaals gezicht, zwarte ogen en lange meisjesachtige wimpers. Hij droeg, onder een oud, grijs wollen vest, een bruin overhemd met lange mouwen die hij tot boven zijn ellebogen had opgerold, een korte broek en schoenen met touwzolen zoals ik, maar zonder sokken."*

Hij is dan acht jaar oud.

Zijn vader is François, een inwoner die de familie Pagnol helpt met het vervoer van hun meubels naar hun zomerhuis, en hij kent Joseph, "de beroemde patrijzenjager", van naam. Hij leert Marcel hoe hij vallen moet zetten. Hij is een eersteklas jager en kent de heuvels uitstekend.

Hij spreekt een kleurrijk patois (zoals blijkt uit de brief die hij aan Marcel schrijft) en heeft weinig formeel onderwijs genoten. Hij geeft niet veel om school.

Hij heeft een goed hart en is een trouwe vriend van Marcel. Hij is erg gesteld op Augustine en bloost altijd als hij bij haar in de buurt is.

Lili wordt gedood tijdens de Eerste Wereldoorlog, in 1917.

AUGUSTINE

Augustine is een liefhebbende moeder die voor haar drie kinderen zorgt en zich zorgen maakt als Marcel zich overwerkt. Verlegen, slank en altijd mooi, is er niets dat Augustine niet voor haar kinderen wil doen: ze raakt zelfs bevriend met de vrouw van de rector zodat deze het rooster van Joseph aanpast. Joseph verklaart vervolgens dat "zij een genie voor intrige heeft". Het verblijf in de Bastide Neuve doet de Pagnols goed, dus dankzij Augustines strategie kan ze haar familie gelukkig maken. Dit is een van de weinige beslissingen die ze neemt.

De buitenlucht is ook zeer heilzaam voor haar, want haar gezondheid is kwetsbaar. Na de lange wandeling naar de Bastide Neuve ziet Marcel dat ze moe is. Ze is altijd erg bleek, met donkere kringen onder haar ogen.

Op die noodlottige julidag heeft ze een voorgevoel als ze het vierde pand naderen. De aanblik van de bewaker en zijn hond maakt haar zo bang dat ze flauwvalt, overweldigd door de dreigende situatie en het geluid van de wekker (die samen met al hun andere bezittingen uit de tas wordt gegooid) wanneer deze onverwachts afgaat. Ze is diep getraumatiseerd door dit incident.

Ze sterft vroegtijdig vijf jaar na deze zomer "van angst".

PAUL

Paul is de jongere broer van Marcel en is minder aanwezig in dit tweede deel, hoewel zijn onschuld en spontaniteit een van de belangrijkste bronnen van komisch reliëf zijn in de reeks "Jeugdherinneringen". Paul laat nooit de kans voorbijgaan om zich te verbazen over een uitdrukking, een grap of een zin die hij heeft opgevangen en mompelt deze steeds weer in zichzelf ("Het is een zeef" zegt hij herhaaldelijk, als verwijzing naar de defecte muur van het kanaal).

Hij lijkt nooit te groeien, en zijn tegenstrijdige, onvoorspelbare gedrag draagt bij aan de komedie van zijn personage.

Hij sterft jong, 30 jaar oud.

BOUZIGUE

Bouzigue is een oud-leerling van Joseph. Wanneer de familie Pagnol hem voor het eerst ontmoet, wordt hij als volgt beschreven: "Hij droeg een donker uniform met koperen knopen, en een hoge pet zoals spoorwegpersoneel die draagt. Hij had een klein zwart snorretje en grote bruine ogen die schitterden van plezier". Hij is een levendige figuur die houdt van een drankje (witte wijn, Pernod) en lekker eten. Hij is de kanaalopzichter.

Zijn moraal is enigszins flexibel, en hij is erg trots op zijn familieconnecties (zijn zus is getrouwd met een raadsheer-generaal), wat de kansen in zijn voordeel kan doen keren als hij in de problemen komt. Hij weet het respect van anderen te winnen en toont zich nog intimiderender dan de wachter wanneer hij hem gaat bezoeken in het kasteel.

DE SECUNDAIRE PERSONAGES

De aristocraat die in het eerste kasteel woont waar ze langskomen is een oude man met een witte baard en een groot roze litteken op zijn gezicht. Hij gedraagt zich zeer vriendelijk en hoffelijk tegenover de familie Pagnol. Hij noemt zichzelf "Graaf Jean van X" en is een voormalig kolonel die gevochten heeft in de slag bij Reichshoffen.

Hij wordt vergezeld door een vriendelijke bewaker, Wladimir genaamd, die "twee paar roodachtige snorren heeft: een onder zijn neus, de ander boven zijn ogen". Hij is sterk, en helpt de familie Pagnol aanzienlijk.

Dominique is de tuinman van het derde kasteel, dat toebehoort aan de advocaat, en begroet de familie Pagnol met schijnagressie. Hij is gewapend met een hooivork, heeft dik golvend haar en een "grote zwarte snor die borstelig is als die van een kat". Hij heeft een goed hart, en is erg vriendelijk en gul voor de familie Pagnol.

De bewaker van het laatste kasteel is een bedreigend personage. Hij is een voormalig sergeant-majoor, en verpersoonlijkt het misbruik van macht en gezag. Hij is vaak dronken, heeft een stijf been, en loopt rond met een enorme hond genaamd Mastoc die Augustine bang maakt. Hij is van gemiddelde lengte, goed gebouwd, en draagt een groen uniform en een kepie.

ANALYSE

EEN VERHAAL OVER VRIENDSCHAP

Vriendschap is het kernthema van deze roman, en manifesteert zich in verschillende vormen in de relaties van verschillende hoofdpersonen:

- De vriendschap tussen Lili en Marcel. De twee kinderen gaan met elkaar om als een huis in brand en vinden het erg moeilijk om aan het eind van de zomer afscheid van elkaar te nemen. De briefaflevering staat symbool voor hun vriendschap: Marcel baseert zijn schrijfstijl op die van Lili en maakt opzettelijk fouten als teken van zijn trouw aan zijn vriend, die hij belangrijker vindt dan de spellingsregels die hij heel goed kent en later zelf aan Lili leert. Als ze met Kerstmis worden herenigd, doet Lili alsof hij onderweg was om een andere reden die niets te maken heeft met het wachten op Marcel. Dit leugentje vervult Marcel met vreugde en maakt hem blij met Lili's vriendschap.

- De vriendschap tussen Joseph en Jules. Deze vriendschap is zo sterk dat de verteller opmerkt: "Kinderen kennen bijna nooit echte vriendschap. Ze hebben alleen 'chums' of handlangers, en ze veranderen van vrienden als ze van school of klas of zelfs van schoolbank veranderen."

- De vriendschap en dankbaarheid die Bouzigue voelt tegenover Joseph. Hij heeft zijn post als opzichter te danken aan Joseph, en daarom geeft hij de familie Pagnol een cadeau: de sleutel waarmee ze alle eigendommen kunnen doorkruisen en kostbare tijd kunnen besparen wanneer ze naar hun buitenverblijf reizen. Wanneer Joseph zich na het klachtincident gedemotiveerd voelt, stelt Bouzigue zich onverzettelijk op en weet hij zijn vriend uit de problemen te halen. De avond na dit avontuur begint Bouzigue veel informelere taal te gebruiken om Joseph aan te spreken, zoals Jules en Joseph in de eerste roman deden. Deze verandering geeft aan hoe oprecht hun genegenheid is.

Augustine voegt echter een voorbehoud toe aan deze viering van vriendschap: "'Je kunt niet altijd op vrienden rekenen,' zei mijn moeder."

TEGEN ZIJN PRINCIPES INGAAN

Joseph wordt aanvankelijk voorgesteld als een zeer principieel man. In het eerste deel wordt hij beschreven als niet-religieus, geheelonthouder, antiklerikaal en antroyalist. In dit tweede deel wordt hij echter veel minder streng voorgesteld, en deze grotere morele flexibiliteit maakt hem veel menselijker. Hij staat kleine schendingen van elk van zijn principes toe:

- Hij accepteert wat "eerlijke likeur" van Jules op kerstavond, en laat zelfs de twee kinderen een glas drinken.

- Wanneer oom Jules de familie Pagnol uitnodigt voor de middernachtmis, aanvaardt de niet-religieuze, antiklerikale Joseph deze blijk van vriendschap goedmoedig, ook al deelt hij Jules' overtuigingen niet.

- Hoewel hij een sterk gevoel heeft voor rechtvaardigheid en goed en kwaad, aanvaardt Joseph uiteindelijk het voorstel van Bouzigue om hem de eigendommen langs het kanaal te laten doorsnijden om sneller in het dorp La Treille te komen – maar niet voordat hij lang over zijn besluit heeft geaarzeld. Hij wordt overgehaald door het aandringen van Marcel en Augustinus, en vooral door de rechtvaardiging van Bouzigue voor het plan, waarbij Joseph hem zou helpen met zijn inspecties van het kanaal, wat hem er uiteindelijk toe brengt de sleutel van de deuren te accepteren, en symbolisch, buiten de wet te treden en "in de onwettigheid te stappen". Toch wordt hij geplaagd door schuldgevoel wanneer de bewaker hen betrapt op flagrante overtreding. Hij begint de zin "Je bent zo zwak als je fout zit" in zichzelf te herhalen, en is erg neerslachtig.

- Josephs vooroordeel tegen aristocraten ("Ik geef niet veel om edelen"), die hij onbeschaamd en wreed vindt, wordt op de proef gesteld wanneer hij de kolonel ontmoet, die behulpzaam en attent is.

- Wanneer hij dankzij de sluiproute van Bouzigue in recordtijd in het Four Seasons café aankomt, kan Joseph het glas wijn dat hem door zijn vroegere leerling wordt aangeboden niet weigeren. Dit is de tweede keer dat hij ermee instemt alcohol te drinken (na het glas glühwein met Kerstmis), hoewel hij Vichy-water aan zijn wijn toevoegt om "de dosis vergif te verminderen". Na hun onaangename ontmoeting met de bewaker laat Wladimir zowel Jozef als Augustinus een glas cognac drinken om hun geest te versterken.

- Joseph vindt zichzelf ook fel anti-militair, totdat hij de kolonel ontmoet, die in de slag bij Reichshoffen heeft gevochten. Hij ontwikkelt dan een nauwere belangstelling voor deze slag, en kan zijn bewondering voor de andere man niet verhullen.

DE WEERGAVE VAN DE TIJD

Het verhaal is voornamelijk gericht op de vakanties van de familie Pagnol in de Bastide Neuve. Het grootste deel van het verhaal speelt zich af in de loop van een jaar, na de zomervakantie beschreven in *De glorie van mijn vader en loopt* door tot het begin van de zomervakantie van het volgende jaar. Enkele passages beschrijven Marcels tijd op school, maar die zijn erg kort. De auteur maakt gebruik van ellips, een techniek waardoor bepaalde details worden weggelaten. De plot is gericht op de vakantie en het geluk en de vrijheid die deze met zich meebrengt.

In de laatste bladzijden van het boek voegt de auteur een prolepsis toe die enkele decennia in de toekomst springt en de dood van zijn moeder, zijn broer en zijn vriendin Lili beschrijft. Deze techniek stelt de lezer in staat te begrijpen hoe groot de invloed van Augustinus' angst was en in hoeverre deze nog steeds in het heden voelbaar is, met name in Marcels aankoop van het kasteel en het landgoed (die, afgaande op de hints die hij laat vallen, ergens rond 1938 heeft plaatsgevonden) en, bij uitbreiding, in het opschrijven van het verhaal in 1957. Deze verschillende momenten in de tijd zijn directe gevolgen van het zojuist beschreven verleden – dat van Pagnols vroege jeugd. Zo kunnen twee (of zelfs drie) verschillende momenten in de tijd tegelijkertijd worden beschouwd door hun verband met dezelfde plaats.

EEN MONDELINGE SCHRIJFSTIJL

De schrijfstijl van Marcel Pagnol wordt gekenmerkt door het belang dat hij hecht aan oraliteit. De roman bevat veel dialogen, waarin het Provençaalse accent van de plaatselijke bevolking en het Catalaanse accent van oom Jules naar voren komen. Dit zorgt voor een lyrische schrijfstijl. Deze orale dimensie is een gemeenschappelijk kenmerk van alle werken van Pagnol. Deze roman vertoont echter ook een aantal kenmerken die in het eerste deel ontbraken. Deze worden grotendeels geïntroduceerd door het personage van Lili:

- De jonge boer leert Marcel de namen van verschillende soorten wilde dieren uit de Provence: *bédouide* (een soort leeuwerik), *pétoulié* (een laagje uitwerpselen), *darnagas (dwaze vogels)*, *limberts* (hagedissen), *aludes* (gevleugelde mieren), enz. Al deze termen komen uit het Provençaalse patois.

- Marcel, die intelligent en goed opgeleid is, herhaalt alles wat zijn vader hem bijna woordelijk heeft geleerd: "'Eerlijk gezegd,' zei ik, 'denk ik dat je nogal dom bent om zulke vooroordelen te hebben, die slechts bijgeloof zijn. Geesten zitten in de verbeelding van mensen. En kruistekens zijn pure obscu-curantisy!" wat natuurlijk niet veel betekent.

- Pagnol herschept het spraakgebruik van jongeren. Als Lili en Marcel bij de grot aankomen die door de berg Taoumé loopt, merkt Lili op dat ze een detail over het hoofd hebben gezien: "Thowl", "Therbiggowl" dringt Lili aan, en de verteller herhaalt "biggowls" tussen aanhalingstekens om te benadrukken hoe indrukwekkend het wezen is en om het effect dat het op hen heeft te herscheppen, alsof deze langere naam de vogel een mystieke uitstraling geeft. Met andere woorden, de woorden van de kinderen zijn min of meer fonetisch getranscribeerd, wat weergeeft hoe de kinderen hun woorden door elkaar laten lopen en niet altijd elke letter duidelijk uitspreken. De mondelinge dimensie van de schrijfstijl wordt zo versterkt door de illusie van een terugkeer naar de kindertijd.

- De brieven van de kinderen zitten vol spelfouten. Lili's schrift volgt geen enkele spelling- of grammaticaregel, wat zijn brief bijzonder charmant maakt. Hij bevat ook een aantal regionale uitdrukkingen ("Adessias" enz.).

VERDERE REFLECTIE

ENKELE VRAGEN OM OVER NA TE DENKEN...

- Vergelijk na het zien van de verfilming van *My Mother's Castle* van Yves Robert het boek met de film. Welke elementen zijn toegevoegd of verwijderd? Is het een getrouwe bewerking van de tekst?

- Verklaar de titel van het boek. Welke overeenkomsten zijn er tussen deze titel en de titel van het eerste deel van "Jeugdherinneringen"?

- Het tweede deel is tragischer dan het eerste. Betekent dit het einde van de kindertijd? Leg uw antwoord uit.

- Lili en Marcel verpersoonlijken in zekere zin de fabel "De stadsrat en de plattelandsrat" van Jean de La Fontaine. Noem de belangrijkste verschillen tussen de twee kinderen en leg uit waarop hun vriendschap is gebaseerd.

- Tijdens Marcels tocht naar de grot onder de berg Taoumé is het gebrek aan voldoende water om zich te wassen dat hem overhaalt op zijn schreden terug te keren. Eerder had hij echter een zekere afkeer van deze taak geuit (zie deel 1). Hoe verklaart u zijn houding? Is hij zo moedig als Lili zegt?

- Hoe zou je de schrijfstijl van Marcel Pagnol omschrijven aan de hand van voorbeelden?

- Met welke literaire held identificeert Marcel Pagnol zich? Vergelijk in het kort de twee avonturiers.

- Marcels zusje is aan het eind van het tweede deel nog steeds niet genoemd. Waarom niet?

- Volgens Bouzigue is er voor Jozef geen geldige reden om de sleutel te weigeren die hem toegang tot de privé-eigendommen zou verschaffen, aangezien de weg korter en minder vermoeiend is. Bouzigues gezond verstand komt in conflict met Jozefs principes. Met welk personage ben je het eens? Ontwikkel je argument.

- Kan dit volgens u worden omschreven als een regionalistische roman?

VERDER LEZEN

REFERENTIE-UITGAVE

Pagnol, M. (1986) *De glorie van mijn vader en het kasteel van mijn moeder*. Trans. Barisse, R. North Point Press: New York.

AANPASSINGEN

My Mother's Castle. (1990) [Film]. Yves Robert. Dir. Frankrijk: La Guéville.

*We horen graag van jou! Laat
een reactie achter op jouw online bibliotheek
en deel je favoriete boeken op social media!*

De uitgever garandeert de betrouwbaarheid van de gepubliceerde informatie, die echter niet onder zijn verantwoordelijkheid valt.

www.50minutes.com

Master ISBN: 9782808687751
Papier ISBN: 9782808699150
Wettelijk depot: D/2023/12603/1195

Omslag: © Primento

Digitaal ontwerp: Primento, de digitale partner van uitgevers.